Made in the USA
San Bernardino, CA
03 December 2019

60795199R00063